El río que escribo

ÆREA | *carménère*

Graciela Aráoz

El río que escribo

A861   Aráoz, Graciela
A   El río que escribo / Graciela Aráoz -- Riells
       i Viabrea : RIL editores-Ærea | Carménère,
       2025.

       74 pág. ; 23 cm.

       ISBN: 978-84-10248-74-8

       1 POESÍA ARGENTINA. 2 LITERATURA ARGENTINA.

◯

ÆREA | *carménère*

Serie fundada por Eleonora Finkelstein y Daniel Calabrese
Edición al cuidado de Paco Najarro

EL RÍO QUE ESCRIBO
Primera edición: octubre de 2025

© Graciela Aráoz, 2025

© Ærea, 2025

Un sello de RIL® editores
SEDE SANTIAGO DE CHILE: Los Leones 2258 • CP 7511055 Providencia
☽ (56) 22 22 38 100 • ril@rileditores.com • www.rileditores.com

SEDE VALPARAÍSO • valparaiso@rileditores.com

SEDE ESPAÑA • europa@rileditores.com

Maquetación y diseño: RIL® editores
Diseño de colección: Marcelo Uribe Lamour
Imagen de portada: *Clytie* (1886-7), Evelyn De Morgan

Impreso en España • *Printed in Spain*

ISBN: 978-84-10248-74-8
Depósito Legal: GI 1733-2025

Este libro está dedicado a las mujeres trabajadoras y a las que desde distintos ámbitos luchan por la igualdad, contra los femicidios y todo abuso contra nosotras.

Dedico estos poemas a las que se consideran feas, gordas, discriminadas, porque son excluidas del mercado de la belleza capitalista que inventa cánones en los que cada día nos reconocemos menos.

ESCRITO EN EL AGUA

A quien me pregunta
cuántos amores he tenido
le respondo que mire
en los bosques para ver
en cuántas trampas ha quedado
mi pelo.

ALDA MERINI

LA ORILLA

La mañana era un temblor en los ojos
de los pájaros exiliados

¿Las miradas, por qué terminan?
Mañana, ¿qué es el mañana?
una palabra,

            la incertidumbre
algunas cerezas maduras

un intenso abrazo que desbraza

el instante.

Dos mundos
           un puente

y la sombra de las sombras

Un hilo se desliza en otra trama
bailemos, sí, bailemos en la orilla
de este mar donde los pescadores de lejos

parece que fiestean

crucemos el día en la gota

bailemos
           bailemos

VESTIDA DE BLANCO

Vestida de blanco
en la orilla del mar comienzo
a escribirte en el agua

dormías cuando bajito te dije un secreto
te toqué, con cierta levedad
estoy inmóvil
mientras sueño retener aquel instante.

Te miro,

       pasa un barco

abres la mano y parece que te acercaras
soy vulnerable de la única manera que sé serlo

                    con mi cuerpo

siento olor a jazmines
         respiras

sólo quisiera aquel tiempo
camino por la arena

         entro y nado

cerrando los ojos

     soy analfabeta.

ÁNGEL DESNUDO

Aún sigues loco
espiando en los agujeros del tiempo
esa escultura sin brazos,
                          ojos,

la hierba se detiene y las palabras
enmudecen.

Quizá la locura nos eleva hasta el límite

nadie oye

                  nadie nos mira

nosotros tampoco

PÁJAROS EN LA VENTANA

Cocinar es también escribir
inventas, mezclas especias mezclas palabras
te descalzas y atas el pelo aún con sabor a beso

Buscas el vino para la salsa
descorchas otra botella para el que vendrá

mientras prodigas las especias
los fragmentos del alma se recomponen
hay tiempo para dejarse ver por otros ojos,
                                      otro cuerpo

Ella de nuevo canta

mira los pájaros que se posan en la ventana
enciende el fuego
y parecería
            que se va

TIEMPO DE ABEJAS

Escribo en el vacío de un día
en el instante en que *Dios asesina*
a los amantes para no ser superado en el amor

La vida se mira en esa sutil línea donde quedó la vida entera.

Escribo

lo que alguna vez fue.

Duermo y veo retratos que hablan
el señor del sombrero
con ojos de cigüeña
«Mujer no pienses, vuela».

Aquel que se sale del marco
«desnúdate
         que en París bailaremos
un tango en la estación».

Ese muchachito del río
murmura: «Una gota es la lluvia
y la lluvia
      el Universo».

Hablan los retratos mientras duermo.

El poeta, un Miguel Ángel que decía:
«Apaga esas imágenes que no puedo soportar tanta
belleza».

Abro apenas los ojos y los cierro
se parece a un Adonis, oigo:
«la tiro en la cocina, hacemos el amor, la miro.
Su sexo, caverna de las diosas paganas
querría un océano
en una fiesta

decirte casi con lengua de señas:
«¿Te acordás cuando sólo miraba el lugar de los secretos
         y nos besábamos?

Me despierto.
Tuve un sueño. Ese hombre ahorcado al fondo del tren
intenta decirme algo, intenta pronunciar alguna palabra,
se le salen los ojos, quiere
extiende el lenguaje, pero nada dice.

Los retratos son tiempo y el tiempo una sombra vana.

SÓLO UN DÍA

Si eres extraordinariamente inocente resultas doblemente culpable

sólo cometí el pecado de amar, lo escribí
en las paredes
lo aullé amorosamente a los locos
                    que son los únicos que entienden
Silencio. Me robaron las palabras.

Me desnudo para inventarme,
                    vampiros expían.

Entro a una iglesia
pido santificarme en el sexo y el amor

pido un día
en el Jardín de las delicias
donde una rosa es una rosa es una rosa es una rosa

tal vez pueda tener

                    ese día

CARTA EN EL AGUA

Te escribo y me escribes en ese espacio donde habitan
redes de arcilla
　　　　　palabras en el barro

escribimos con humo en el agua
ese caracol con la perla dentro,
　　　　　　　　　lee

los sonidos del Tajo en cuya cuenca los nombres

dan vueltas y vueltas
llegan al Danubio

　　　　　　Werther los espera para librar en el cuerpo
de ese río

los movimientos del agua, las miradas del texto
y con los nombres bailar el baile
de todos los ríos

LA MUCHACHA DEL TREN

La muchacha del tren
viaja siempre sola
observa el desierto
desde la cámara borrosa se ve
es siempre ella
la que dialoga con Mucha y con Sorolla
la que se mira y siente
que el viaje conduce
a la estación terminal del desencuentro

Amaneceres rojos

En las olas una carta

        se ven algunas palabras

te abrazaré después
te abrazo ahora

un caracol tiene escrito una palabra
de nácar

      en braille

inicia un viaje
        desconocido en el que se huele

   templanza
olas y lobas cantan
        esa música

   que el cielo transforma

Visita inesperada

Hoy mis muertos se me vienen encima
los invito con café, les muestro esta casa
que no es la que ellos conocen, miramos las bibliotecas
leo algunos poemas y lloramos.

Cada uno me lleva a tiempos distintos
a ciudades en las que fuimos felices y descubrimos amores
preparo un festín de Babette
nos entrelazamos en conmociones y risas

Ellos se van. Pienso: *La muerte no nos roba los seres amados.*
Al contrario, nos los guarda y nos los inmortaliza en el recuerdo.
La vida sí que nos los roba muchas veces y definitivamente.

Me siento y ahí quedo.

Río Quinto, San Luis, después

Somos mucho más hábiles para fabricar distopías
que para buscar utopías. Porque somos más hábiles
para crear el infierno que para inventar el cielo

MARGARET ATWOOD

ARTE DE PERDER

A Luis Chitarroni

El arte de perder no es difícil de adquirir
Me he muerto con la muerte de tantos
amores. ahora las hormigas desfilan,
                                        tiemblo

oigo lechuzas
en la música de la inocencia,
                                        el río

las palabras que vinieron en celofán desde algún lugar
desconocido.

El arte de perder ese puente donde cruzábamos

la gota que dejaba la lluvia
                                        en la casa de los pájaros

las hormigas trepan más allá del cielo

miro

alguien se fue, lo descubro
                                        universo de astros.

Viajo a ese país y me pierdo en el aire

aire que silba esa canción donde fuimos eternos,

lechuzas,
　　　　hormigas

y ese arte de perder que es difícil de adquirir.

POEMA NOCTURNO

Los poemas más tristes se escriben
sobre las piedras

los más bellos
se escriben sobre lágrimas
Ante el paraíso de la locura
los más bellos poemas se fragmentan
en la piel

de un altar vacío.

Sombra breve

En las manos se guardan secretos que tocan
la cabeza
una leve brisa pasa con ese movimiento lento
lento que deja lo mínimo.

Se acerca una palabra pequeña que viene
con el pájaro aquel
            que tocó la cabeza.

No hay canto porque los secretos son mudos

Todos se alejan y se acercan
una mujer se da vuelta
            la sombra se había ido

toca su cabeza.

NOCHE DE LAGARTOS

Caminan hacia otra dimensión
            sin la elegancia de un gato

en la certeza
        que une

inmenso
        el abismo suspende

las muertes
                de lagartos

luz de lo mínimo

                fugaz e infinita

la vida

ATARDECERES

Un amante, otro amante
aquella sonrisa
el amor que no vio la muerte
la mujer queda en el mar, de pie
con esos atardeceres en el que despides
lágrimas,

      besos detrás de la ventana, flores

y ese día
      que no se fue.

Viaje suspendido

Ciudades breves
donde las estaciones no se detienen

                    pasan

de un siglo a otro siglo
ese rostro escrito
escribe luz

        sonido,

vértigo
el viaje amanece

en los cantos de un día

y los ríos terminan abruptamente a tus pies

COLLAR

A Minerva Margarita Villarreal

Lágrimas negras
         azules, rojas
la muerte ha hecho una danza
sobre mi cuerpo
         me baila, ciega.
Me duele el alma y el vestido de seda
que compré en alguna feria para mirar el sol
no están mis amores
se fueron y me dejaron secretos
de nácar
no puedo, no quiero
         me duelo
y ella se acerca y me dice:

levántate y camina en la victoria
y allí entonces

mis lágrimas blancas

         todavía

DE UN CUADERNO

Esta no es una carta de amor, es la carta de una mujer que decide ser los libros que ha leído, las películas que vio, los viajes, la escena de Humphrey Bogart e Ingrid Bergman y ese avión que se va, y la poesía que la volvió millonaria porque puede ver poesía en una hormiga, en el universo, en una mano extendida y en el amor de dos viejitos. Todo esto es hoy un paraíso no perdido.

Quizá pueda ser una carta de amor. La que se construye de dolores y quiere salir desde las rendijas como una luz que al principio son tinieblas y luego, luz plena.

Soy vulnerable con mi cuerpo –dice- y entregarse al deseo es siempre un riesgo de a dos, porque el límite es el otro y recuerda la canción de Nina Simone: «Tienes que aprender a levantarte de la mesa cuando ya no se sirve amor».

¿Quién es el otro? ¿Alguien que buscamos o que no buscamos? Quizá pueda ser una extensión de nosotros para convertir un simple encuentro en los «Amantes de Teruel».

En cada historia de amantes el erotismo y el deseo son una sucesión de instantes. Alguien puede quedarse y alguien puede fugarse. Quien se fuga pierde la savia caída al pie de los racimos de las parras.

Existe cierta tristeza en este texto, pero también destellan escenas como en *Rayuela* de Cortázar donde podría convertirme en «La Maga y Oliveira», aunque en este día se huela noche sin sueño ella sabe que más cerca del Sena o del miedo y la ignorancia, habrá un deslumbramiento. Esto se llama así, eso se pide así, ahora esa mujer va a sonreír, más allá de cualquier jardín.

Quizá como en la intuición de Oliveira el Cielo es algo que no está encima de la Tierra, sino en la superficie de esta, pero a cierta distancia, al cual uno se acerca de manera similar a como los niños juegan a la rayuela.

EDAD DE LA INOCENCIA

Camino hacia mi amante
me mira
desvío la impiedad
                    sigo

quisiera
que la memoria fuera
un laberinto
la última vez
aquel día en el altar y él

              ¿dónde?

El barrio chino
              París, Londres
un loco de amor hablando
dice:
¿El olvido existe?

Byron y Shakespeare lo miran

mi amante allí

                    sigo

Mi ropa quedó en una maleta
el olvido
ese último rostro
aquella piel oscura
la última, la penúltima
inocencia.

Camino hacia mi amante

nos abrazamos
y el loco riéndose me dice:
«no hay nadie. Son tus brazos
                    y el aire».

Todavía la muerte

Hablábamos
         mar de por medio
de nuestro país,
del muerto,
sus dos hijas,
         cementerios judíos,
de esa despedida que dicen fue
una letanía
         irremediable.

Hablábamos del mundo
el caos

         y las palabras.

Ella me dice: ¿viste lo que pasó en Japón?
No, ¿Qué pasó?
Decapitaron a un hombre.
         Silencio.
Como en la Edad Media, digo. Sí.
Agrega: Y nosotras escribiendo
versitos.

Y ahí me quedé.

Hasta hoy.

         Quién sabe.

La mujer de rojo

La transparencia del vestido
refleja
    la otra transparencia
el dolor que se quedó en el cuerpo
nudos entrelazados en una trama
        mirada hasta el hueso

herida sin palabras.
Relámpagos,
brasas en las manos,

        temblores

detrás del encaje
        una escena
    aquella niña

la mujer de rojo
triste
no fue reina ni emperatriz ni
tampoco caperucita

    Ya no se desnuda
    ni balancea sus caderas
    camina descalza detrás de la hendija
    ya no está el puente
    está el río

    sólo se celebra la nada.

MAR DESNUDO, DESNUDO MAR

Una mujer observa su cuerpo intranquila, como si fuera un aliado poco fiable en la lucha por el amor.

LEONARD COHEN

A LEONARD COHEN

Baila conmigo hasta el fin del amor
bailemos
desde el miedo hasta la belleza de un violín

baila y deja que mis ojos te alcancen
con la lengua quieta bailemos
                        que el mundo está inmóvil
Álzame *con una rama de olivo*

Ven
        y vamos juntos hasta el final del amor

LA VIDA MISMA

Ningún invierno vuelve a ser verano
las manos no repiten

el amor y el otro amor, amores

mi madre teje y de pronto inesperadamente dice:
«¿Por qué los días nunca son iguales»?

Le miro sus ojos
            uno de un color y el otro, distinto

respondo: porque la vida es como tus ojos

nada se repite

todos los colores, los abrazos son nuevos cada día

                            nos miramos

ella sigue tejiendo.

Instantes de agua

Me dijo la eternidad
                    no tiene tiempo
parece inasible

los días se vuelven días de otros
los ojos
        ojos de los muertos.

Me dijo la eternidad
no es nada

            infinito en el vacío

vacío en el universo:

                    una eternidad desnuda

donde plegarias y maldiciones
resplandecen con los pecados.

                    La eternidad menos un día

LOS PESCADORES

Pescadores en el pueblo de palabras
donde las caracolas abren sus oídos
caen secretos
del cielo

              pescadores
el tiempo marca sus rostros morenos
de líneas que nada limitan

el tiempo es sólo una línea
en el punto de toque
                    busca que suceda

el punto se aleja
la cabeza huele
              los ojos dan vuelta

en una calesita

Un día cualquiera

Los ojos aguados
un día entre palabras
que no se fueron.

Las hormigas en la ventana
maldicen el canto
de los pájaros.

Desnuda. Tiemblo.
¿Cierro la ventana?
O abro todo
               para que las maldiciones

sean ángeles
que cubran mi cuerpo.

MANTRA

mi nombre
mi rostro, mi cuerpo de ahora
se borra en gente de antes
LUISA FUTORANSKY

Siempre tiemblo cuando me miran
pareciera una gota
una sola
          resbala, va instalándose
en las curvas de la memoria
una hoja
          en la ausencia de mí
Nunca pude mirarme con la mirada del otro
aunque encendida
          siempre lejana
¿Quién sabe lo que veía en el interior
de esos templos
donde suelen arrodillarse para pedir
restos de piedad?

Siempre tiemblo cuando me miran

Ventana de sol

Una ventana que esta vez no está Tina
el amor se prende fuego cuando deja de amar

escribo con la lengua

                    en la escarcha del vacío

Una ventana
              detrás una mujer ciega
mira los instantes,

                    toca el vidrio y con los dedos escribe

una lágrima

LO QUE PUDO SER Y SIN EMBARGO NO FUE

La distancia de una mano y el hilo de seda
son agujeros de luz en un amor desconocido
alguna vez hemos sido o nunca fuimos nada
sólo envolví mis labios en tu cuerpo,
                          nuestros sexos blancos

fueron
nunca llegó la certeza ni la incertidumbre
me quedé con el hilo
                   envolviendo el mar
la seda en el desierto

                alguna vez

Estrategia de un secreto

Una mirada como fatal estrategia

enfrentar lo más oculto de lo oculto:
el secreto

Una mirada para la seducción de lo lento
no lo inmóvil.

Al igual que en *Desayuno en Tiffany»s*
esa mujer le regala palabras
secreto y seducción se tienen compañía.

Los amantes tienen por testigos

las mareas, y el firmamento.

El loro y los espejos

Como no tengo marido ni tampoco perro
he decidido comprar un loro
que me recuerde cuántos años, días o segundos me amaron
porque los que amé están inscriptos en el fuego y el agua

que repita una sola palabra
nado desnuda
        con mi cuerpo de mariposa

en aquel río
no creo ya suicidarme voy a esperar que alguien
        conmigo baile

hasta el fin de un saxofón.

LOS AMANTES

Ese viento de humo
crea un poema
donde el olvido es un recuerdo
el viaje está quieto y los amantes
ya no vuelven de aquello
la escritura bajo el agua
belleza plural
plumaje donde va el movimiento
el pájaro ahora vuelve y toca
ese infinito que son una mujer y hombre
amándose

       los amantes ya no están

Ríos en la piel

De una tristeza a otra
crucé con las lluvias
unas cuantas orillas
        con piel y pecho abiertos
nadé por ríos y más ríos

hebras de tantos alfabetos
se dispersan, se desvanecen, enredan
                en los signos del agua

donde aprendo a descifrar los sonidos del canto
la lluvia

        es la única que puede escribir las palabras

                que aún no dijimos

Fragmentos de una mujer

El vacío entre tu silencio y mi palabra
se me fue la piel que tenía tus fragmentos
lloro con mis ojos secos,
repongo valentía para seguir en la búsqueda
de una mirada,
soy lúcida en la locura de seguir
siempre huyendo
        nunca me quedo

el siglo siguiente estaré

            en algún tren

NO ME ARREPIENTO

No me arrepiento de nada,
  ni caminar descalza hasta la hoguera de las vanidades

Allí entre una danza que canta
irme con el circo que se fue mi abuela
ni tampoco haber amado a los indefensos,
        a los pájaros,
que fueron mis ángeles

y me dieron la palabra con la que a veces digo
y otras
      no digo.

No me arrepiento,
    la vida fluye en el mar abierto

alguna caracola canta sin ruidos en la marea

He ido con Dante a su infierno y luego a su purgatorio
me he arrancado a mí de mí
y también escribí alguna carta de amor para que se olvide
en la hierba.

Cuando el sol cae en el agua es una desmesura
el desnudo me desnuda en ese punto de éxtasis
No me arrepiento
              porque no pude, no pudimos

y siempre abrí la boca,
            cerezas

aquella imagen de tu rostro, nuestro abrazo
entre llantos
fue esa escultura que pude crear en las líneas de la nada.

Me reconozco en la alegría de mi madre
bebiendo este sorbo que es la vida

ALTARES DE MUJERES

Un altar de mujeres irredentas
que no hablen
      que hablen
de una tierra prometida
sin maldiciones ni crímenes
quizá alguna locura silencie el canto de los pájaros
pero las mujeres irredentas en ese pedazo de cielo
se volvieron pájaros
        el canto no tuvo final

Hada chalada

Juguemos

a descubrirnos mientras jugamos
te soñé, estoy soñando, subíamos en un globo
volábamos como la vida
no sabíamos dónde llegaríamos
aquí estoy. Y si vinieras.
No hagamos planes, el tiempo es ahora.
Aquí estoy soñando que tu cuerpo y mi cuerpo
Conjugan
quizá somos el parque repleto de verdes y flores y aguas

¿Juguemos?

Que Bukovski, Capote y Anaïs
conversan
　　　　　se ríen
en el desayuno

nos sacan la lengua y asienten
embriagados de vida
ven, vení

que tu hada chalada de los sueños

te espera.

ALELUYA

Belleza, sí, la belleza fue sorpresa
Lloré. Lloro.
Nunca supe que esas lágrimas de nácar
eran por la muerte
de ese altar de pájaros que cantaban
hasta el estremecimiento
Aleluya, aleluya
Qué extraño ese fragmento inasible donde todo tiembla
palabra desconocida
alguna escena romántica de las tragedias griegas
orfandad, miedo y sin embargo
todo es tan simple
se murió el canto y su belleza

salmo anónimo

Aquel altar

En el río de los altares

la música templa el alma

Ecos de nombres en los ríos irredentos

el agua y los nombres deben celebrar

altares
             palabras mudas

asesinas

ríos y ríos en la memoria

de este agua

que con Vangelis ejecutan

el Apocalipsis de los animales

Este libro está escrito en el agua de los ríos con altares.
Este libro me dice:

Como extraña yo llegué
como extraña sigo adelante
junio fue un mes para mí
por eso traje de bodas y a veces de amor.

Me despido de cuanto fui, de cuanto fuimos con estos altares y con lo escrito por Goethe un 16 de septiembre de 1780 cuando subió al monte Kickelhahn, y sobre la pared de madera de una cabaña escribió unos versos. Tiempo después la cabaña ardió y no se conserva la grafía original, pero el autor los recogió bajo el título *Das Gleiche*.

Sobre las cumbres
hay paz,
en las copas de los árboles
apenas puedes
percibir un aliento,
los pajarillos han enmudecido en el bosque.
Espera, pronto
descansarás tú también. *

*Goethe

Versión: Santiago Martín Arnedo

Ist Ruh, / In allen Wipfeln / Spürest du / Kaum einen Hauch; / Die Vögelein schweigen im Walde. / Warte nur, balde / Ruhest du auch.

EL RÍO QUE ESCRIBO:
TRES POETAS DICEN

El río que escribo, de Graciela Aráoz, está dedicado a las mujeres y su historia de subordinación a los roles asignados por la hegemonía patriarcal. «Escrito en el agua» es el título del primer capítulo con que nos deja entrar a un mundo que se escribe «entre dos mundos y un puente», donde «nadie nos oye, nadie nos mira, pero nosotros tampoco», y «el tiempo es una sombra vana». El ejercicio de escribir en el agua un lenguaje que se diluye, se congrega y se vuelve cauce, entre el deseo y el abismo. En ese claro de La huida de la loba, o el poema de la rosa de la poeta italiana Alda Merini y «el riesgo de herir o herirse» de Gertrude Steim, o el Arte de Perder de Elizabeth Bishop, Aráoz traza una poética de lo fugaz, pero también de las palabras que brindamos y nos son brindadas. El rito de la lectura y la escritura, se yuxtaponen como un gesto de resistencia —de vida— que la muerte quisiese silenciar, pero Aráoz escribe con «la lengua en la escarcha del vacío».

MALÚ URRIOLA (CHILE)

Hay una mujer, hay un tren, un viaje y un hombre ahorcado. Hay un amante que no dice: sólo creería en una diosa que baila. Ese es el verso escrito en un agua quemada, es el olor que queda en el incienso de los altares. Graciela Aráoz lee el hueco del agua peregrina, ese ardor. Y su escritura va por esa huella, por su aliento. La poeta, fuera de todo dominio, itinerante y decidida celebra esa exposición; el modo de existir en un hogar tan frágil como transitorio: la danza. La complicidad con su amante está fuera de todo cálculo, de todo designio, fuera de la confidencia. No un alma romántica de conquista o de intimidad, sino una visión de eternidad inscrita en el ritmo. No un drama lírico, sino una persistencia nietzscheana por la levedad que arroja a la poeta de su cuerpo a la página. Allí, el vértigo de un viaje creyente del instante.

ANA ARZOUMANIAN (ARGENTINA)

La idea de hacer un viaje entre otros libros —un libro como barco a través de un río— logra que, aquella muchacha que nos acompaña durante la expedición de ese yo a cualquier otra vida, decida ser ante todo: «los libros que he leído» —dice Graciela Aráoz en carta de *El río que escribo* que, entre los mundos que nos da y de los que nos apropiamos, crea un mapa literario del dolor ajeno y un homenaje a la lectora incansable que es.

REINA MARÍA RODRÍGUEZ (CUBA)

ÍNDICE

EL RÍO QUE ESCRIBO: TRES POETAS DICEN

Este libro se terminó de imprimir
en octubre de 2025

RIL® editores • España

europa@rileditores.com

Se utilizó tecnología de última generación que reduce el im-
pacto medioambiental, pues ocupa estrictamente el papel
necesario para su producción, y se aplicaron altos estánda-
res para la gestión y reciclaje de desechos en toda la cadena
de producción.